CÉREBRO_CORAÇÃO

Mariana Lima

CÉREBRO_CORAÇÃO

Cobogó

SUMÁRIO

Por que sim?,
por Helena Martins   7

Procurando frequências,
por Mariana Lima   11

CÉREBRO_CORAÇÃO   17

Por que sim?

A peça assistida em julho no Rio de Janeiro volta e meia me chega, de emboscada. Dessa vez é fevereiro e ando pelas ruas de Viena, pela primeira vez, desapontada. Bem que o Wittgenstein disse: "o mundo dos infelizes não é o mesmo mundo dos felizes". Não é que eu esteja infeliz, mas o aforismo insiste sobre mim, na sua simplicidade opaca, como aqueles olhos ínvios (esse adjetivo eu li no Rosa, quer dizer *sem via*), como aqueles olhos ínvios do filósofo vienense, que eu adoro e que, para ser sincera, moveu o meu desejo de visitar a cidade em primeiro lugar. É que eu não enxergo o que, para tantos ao meu redor, parece ulular, o charme daquela cidade, magnífica sem dúvida, mas vejo só uma espécie de penumbra, é isso, o mundo dos... não é o mesmo mundo dos... Então olho para cima e, da fachada do prédio que estou prestes a visitar, um museu-escola de teatro, pende um enorme cartaz, estampado com a foto do dramaturgo austro-húngaro Ödön von Horváth, que penso que deveria conhecer, mas não conheço, apenas reparo que, na parte inferior do cartaz, vem uma frase que traduzo sem dúvida mal, mas de um modo perfeito para os meus ignorados propósitos:

"De modo algum eu penso sim, digo sim."

Então lá vêm eles, Mariana, Kike, que (ainda não sei bem como) foram meus alunos, lembro com alguma apreensão do novo curso, que já começa em março, vou partir de Wittgenstein, lá vem a peça assistida em julho, peça que é também uma aula e que começa com o sim de *A hora da estrela*, tudo começa com um sim, uma molécula dizendo sim para outra molécula, uma atriz e um diretor gigantescos, cheios de poros e de suores, cheios de tempos e de forças, tem também o Renato, que eu não conhecia, eles vão desembocar ali, numa sala em que os tamanhos das coisas estão todos meio trocados, e então a aula começa e eu paro um pouco, não sei bem se em julho ou se em fevereiro ou se em março ou se agora mesmo enquanto meus dedos hesitam neste teclado.

Fico gostando de lembrar que, contagiadas pelo acaso, as duas frases vienenses, a do filósofo e a do dramaturgo, devolveram em mim (não a mim) aquela peça vista em julho – ali, em plena Viena das *pâtisseries*, perdoem a vulgaridade, duas frases-madeleine me restituem à experiência recriada daquele acontecimento, daquela peça-performance-aula tão inventiva e tão canibalmente proustiana. Estou de novo numa sala estranha, em que uma professora exercita os alunos na perda dos contornos do corpo, a ponto de os órgãos, próprios e alheios, flutuarem soltos pelo ar, esbarrando-se. Ela também está falando sobre aquela circunstância terrível em que o mundo – não a visão do mundo, o mundo mesmo – é agora, desde sempre e para sempre, infeliz. E ela está falando disso com muito humor e com um sotaque um tanto louco, *consente-se*, como diria Roberto Corrêa dos Santos, e o que acontece no entorno é incrível.

E uma chance de falar do incrível que acontece eu encontro agora na frase do dramaturgo vienense: *de modo algum eu penso o sim, digo o sim.*

Duas possibilidades me ocorrem, misturadas. Dizer sim sem pensar sim a um mundo esgotado: aderir inadvertidamente a um mundo que se julga capturado e domesticado pelo pensamento (cerebral?), mas que, sem a eficiência prometida parece, antes, nos capturar na sua infelicidade. Mas também dizer sim sem pensar sim: virar as costas ao pensamento captor, fazer uma coisa de louco, dizer sim ao que não se entende nem se conhece, deixar o impensado contaminar o pensado, diria o Godard. Desfazer, talvez, as entranhadas e quase supersticiosas assepsias físico-simbólicas do cérebro e do coração.

Cérebro_Coração é para mim o drama de uma luta: entre um sim impensado (exausto) e um sim impensável (louco). Algo de eterno pode aí deseternizar-se. Diria que é meio como quando tenho uma dor de dente muito forte e sou sequestrada pela convicção (irracional!) de que esta é agora a minha condição eterna, eis o (meu) mundo-dor-de-dente. Algo análogo se poderia dizer, talvez, de uma depressão ou do capitalismo selvagem. *Cérebro_Coração* acende no corpo uma lembrança, um desejo: pode passar, algo passa.

E assim ela vai falando e gesticulando, dispondo horizontalmente, numa espécie estranha de democracia, a tristeza, o cérebro, os ladrilhos azuis, os remédios, o coração, o Toddynho, as sinapses, os aneurismas, o avô, o copo d'água, a tampa retirada de um crânio na sala de cirurgia, a instrutiva tagarelice de uma pedra, Proust, Leonilson, Clarice. Preciso agora cancelar uma preposição usada logo acima, não se pode dizer exatamente que ela fale *sobre* essas coisas todas. Me lembro daquele menino que, nas primeiras linhas de *Em busca do tempo perdido*, adormece com o livro nas mãos; ele não sonha *com* os assuntos ali tratados, sonha ser ele mesmo esses assuntos: uma igreja, um quarteto, a rivalidade entre Felipe I e Carlos V. Sou agora uma coisa inanimada, um edifício; sou agora não um, mas quatro, e, sobretudo, *sou agora uma relação*. Em *Cérebro_Coração*, como nesse sonho: o desejo aceso dos trânsitos entre reinos, entre tempos, entre espaços, entre corpos, *entre* – um interesse não mitigado pelo que pode se dar nos interstícios. Quem sabe podemos *ser* outras relações, para além da rivalidade entre dois monarcas?

* * *

Termino estas linhas agradecendo aos criadores, não apenas por terem colocado no mundo esta coisa tão boa, mas também pelo que há de oportuno nesse gesto: inventar uma *peça-performance-aula*, para ser encenada agora, num país-tempo em que o governo instituído reserva igualmente para as peças e para as aulas não a indiferença, o que já seria bastante ruim, mas uma truculência organizada, calculada para solapar, desanimar, destruir. Fico maravilhada de saber que os criadores de *Cérebro_Coração* soltaram em salas de aula de escolas públicas este seu feixe de afetos pensantes, antes mesmo de levá-lo aos teatros.

Helena Martins

Procurando frequências

> "Estou dentro do que vê.
> Estou dentro de alguma coisa que faz a ação de ver.
> Vejo que essa coisa vê algo que lhe traz sofrimento.
> Caminho sobre a coisa.
> A coisa encolhe."
>
> Hilda Hilst

Para abrir este livro editado em plena pandemia eu deixo aqui umas linhas antes das linhas que seguirão, puxando o fio da memória desse tempo perdido que, cada vez que nos defrontamos com o material impresso daquilo que falamos no ar da sala de ensaio, parece se esvanecer.

O tempo. O ar.

Quando eu era uma pequena-atriz já escrevia no ar da sala de ensaio. E transcrevia tudo em cadernos. Como escrevemos quando escrevemos no Teatro? Olha, tem muitos jeitos, mas esse foi o jeito que aprendi.

Trabalha-se com muitas mãos, cabeças, com corpos e livros, aulas, palestras. É mais tecido que papel – tecido de citações, incorporadas e recriadas. Suores. Uma escrita feita pelo corpo, pela fricção, um pouco como deve ser fazer fogo com dois paus, coisa que nunca tentei porque não fui escoteira de verdade. Roça roça roça, saem umas faíscas e puf: o fogo. Queima. Tem que tentar de novo e de novo, porque ele se extingue no ar.

Quando estávamos em processo de criação conjunta do texto da peça, procurávamos essa alquimia, esse espaço intersticial que está entre o que já conhecemos e o que ainda não, não conhecemos e queremos conhecer, mas sem explicar, sem sermos didáticos e pedagógicos. Estávamos buscando nos surpreender e deixar que outras dimensões nos atravessassem e se deixassem ver.

Onde estão essas frequências? Parte do processo foi de escuta. Escutamos Paola Barreto, Luisa Duarte e Ricardo Krauze em palestras-performances que nos foram gentilmente transmitidas. Fui ser ouvinte da aula de Helena Martins na PUC-Rio.

Em um dia quente, Renato pediu que eu ouvisse a parede de pedra da sala de ensaio. Eu ouvi. Me pediu então pra traduzir o que eu ouvia, e eu tentei. Gravamos o que a pedra, o fluido do isqueiro e as ondas de rádio nos traziam, as linhas de Leonilson, a fala rápida de Enrique, cortante, precisa e reveladora. O que ele está dizendo? O que eu estou dizendo? O que ela está dizendo?

A pergunta de Helena irrompe: Pode o impensado contaminar o pensado? Como furamos essa linguagem que já conhecemos e da qual estamos EXAUSTOS? Com a força de criação?

Como?

No final de uma das aulas, escrevi no caderno: "Como podemos estar presentes em muitos tempos, como esteve Proust no sétimo volume do seu *Em busca do tempo perdido*, ou como os animais de Jorge Luis Borges que quebraram o vaso e moram aí nessa categoria dos que acabaram de fazer alguma coisa e estão entre um tempo perdido e outro que vai começar? Um presente de muitos tempos, uma vasodilatação do tempo."

E nós queríamos que o insólito estivesse na peça. No filme a que assistimos na aula de Helena, do Jia Zhangke, tem essa surpresa, o momento preciso, exato, o efeito da perplexidade, aquele momento que o prédio voa e a gente pode, ufa, se liberar, se desincumbir de entender, estamos drogados pelo filme, no acesso, no impossível acontecendo aqui, neste mundo, assim como no *Osmo*, da Hilda Hilst, quando o Cruzeiro do Sul se move. Pois a gente queria quebrar a parede e tirar de dentro dela um coração de pedra que falasse sobre o Tempo. E isso não estará escrito aqui porque é da ordem da experiência.

Antes de chegarmos à fala da pedra, escutamos as falas de Davi Kopenawa, de Leonilson e de um cachorro que eu tive. Todas acabaram se misturando em frequências e balbucios que tento – digo, a cada noite tento mesmo – traduzir.

Foi assim, essa tentativa e procura de traduzir, construir e derrubar e construir de novo, escrevendo, atuando, reescrevendo, queimando, rindo e chorando e bebendo cerveja no botequim, no tempo dos botequins e das salas de ensaio, onde suávamos em bicas e cuspíamos perdigotos pelo espaço.

Do meio para o final do processo, que durou mais de um ano, revi o filme da Laurie Anderson, *Heart of a Dog*. Já viram? Vejam. Lá aparece uma frase de outro autor de quem gosto muito, David Foster Wallace: "Toda história de amor é uma história de fantasmas." Essa peça é também uma tentativa de falar com meus fantasmas – avô, irmão, gato. No filme há os guizos nos ouvidos do artista Gordon Matta-Clark, que cortava as casas e os prédios porque seu irmão se jogou da janela. Na peça, os guizos, os sinais estão ali porque meu irmão morreu atropelado e o cérebro cresceu muito e não pôde voltar ao seu lugar dentro do crânio. Expandiu-se indefinidamente pelo espaço multidimensional, pelas esferas iluminadas, inomináveis, inexplicáveis, infinitas. Os guizos diziam para ele não se aproximar da luz mais próxima, para ele ir para a luz mais distante, a que não conhecemos, para sairmos do purgatório e adentrarmos o maravilhoso inferno da alegria diabólica de Clarice Lispector, que só de olhar me desfigura, nos desfigura a todos.

Eu vi. Entrei ali no impossível. Não entrei sozinha, e esta peça é o registro da entrada desse bando de grous alucinados nesse troço, coisa, pena, travessia que chamamos de Teatro.

O Bando:
Renato Linhares
Enrique Diaz
Luisa Espindula
Paola Barreto
Lucas Canavarro
Beto Bruel
Lucas Marcier
Valencia Losada
Verônica Prates
Dina Salem Levy
Ricardo Krauze
Helena Martins

Luisa Duarte
Marina Franco
Conceição Telles
Lina Kaplan
Joana Guimaraes
Luana Della Crist
Iuri Wander
Thiago Miyamoto
Vanessa Cardoso
Pedro Neves
Fábio Arruda
Rodrigo Bleque

                                          Mariana Lima

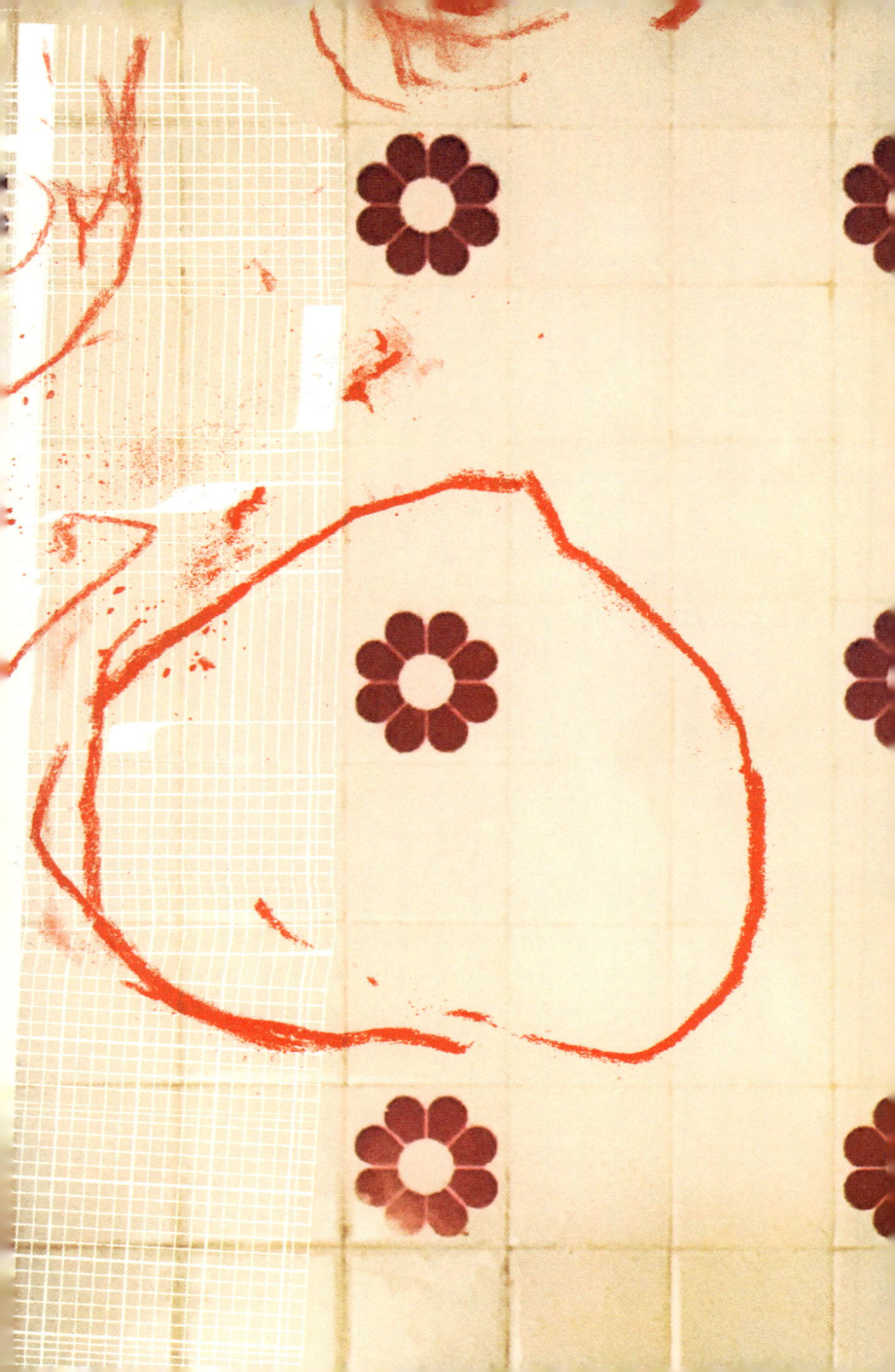

foto **Valencia Losada**

foto **arquivo pessoal**

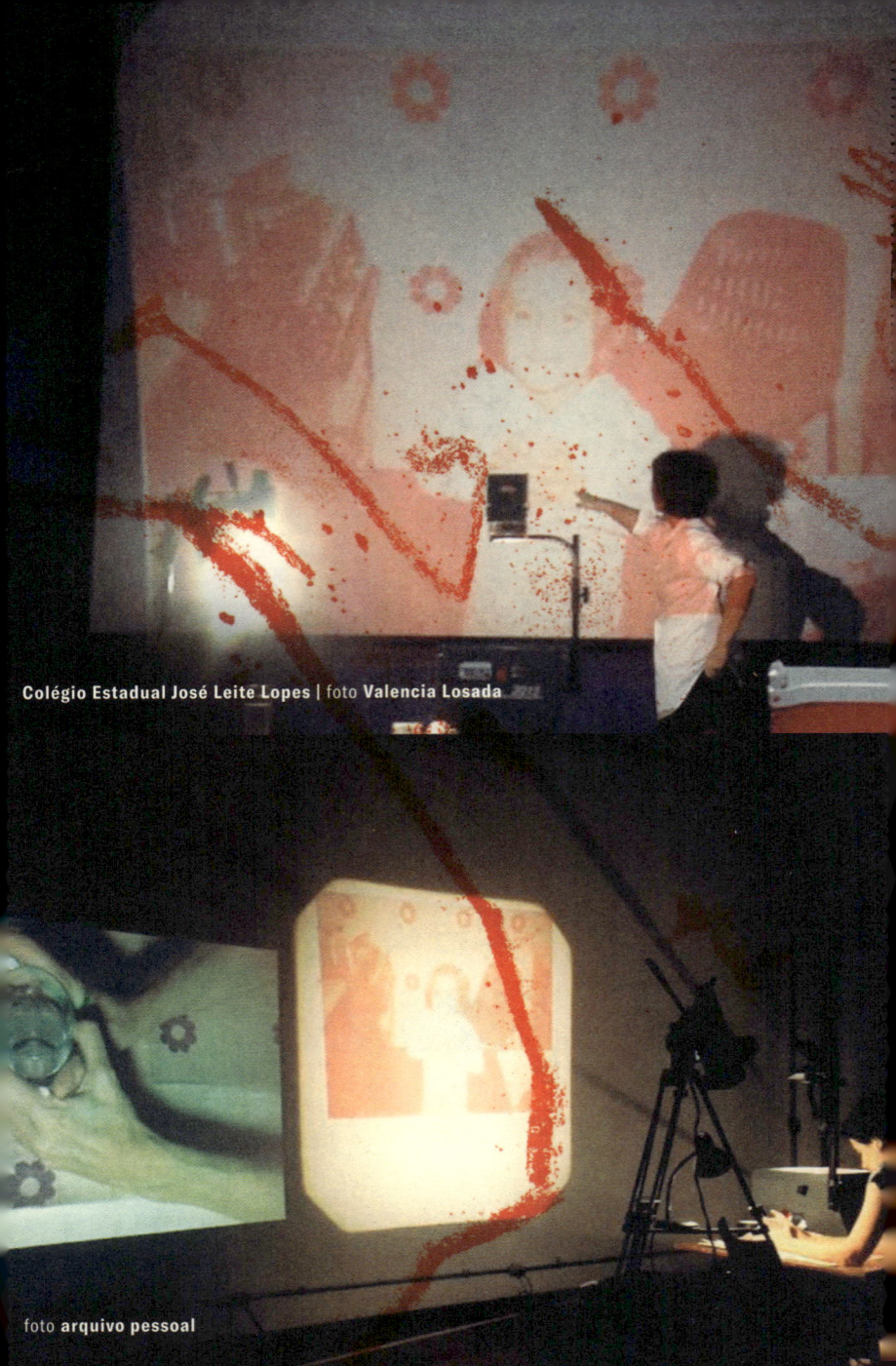

Colégio Estadual José Leite Lopes | foto **Valencia Losada**

foto **arquivo pessoal**

foto **arquivo pessoal**

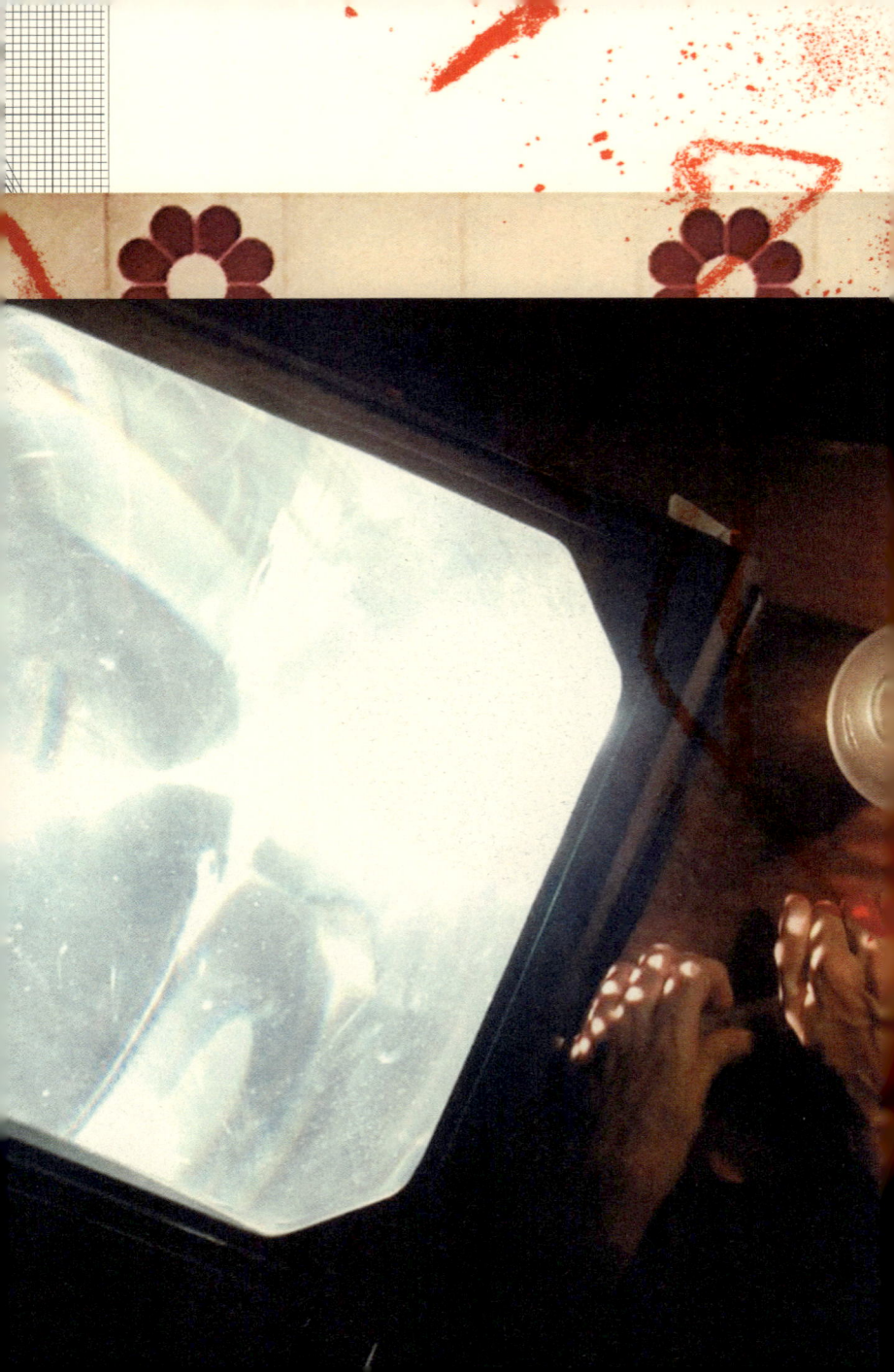

foto **arquivo pessoal**

CÉREBRO / CORAÇÃO — 1º DIA

onde começar?

nas oito tinham o texto de outras mulheres para além da cabeça

na o cérebro e kga sem dentro entre o falar e pensar —
é linfático

presença e a ausência — o que acontece quando você tem
? O pondentro: aperte de uma certa qualidade e quantidade

Olga Massa — confronto.

penso em ... o que eu falo. Eu penso antes de tal mod
eu eu ... falar.

... palavras que sai ... ver uma
... palavra.

... Pedrica — uma escuta respeitosa,
... não entendi ... eu não quero
... eu quero que você me diga... ①

Escola Olga Benário Prestes | foto arquivo pesso[al]

Escola Olga Benário Prestes | foto arquivo pessoal

..., 12 de junho de 2018.

Função afim ou do 1º grau

Uma função $f: \mathbb{R} \to \mathbb{R}$ dada
$f(x) = ax + b$, a e b constantes
não-nulos, denomina-se
função afim ou de 1º grau

... do ensino fundamental que $f(x)$
$f(x) = ax + b$, $a \in \mathbb{R}$
..., $b \in \mathbb{R}$

... mudam de acordo com ...
...

a) $f(x) = x +$
b) $y = 2x -$
   $y = \dfrac{x+}{5}$

...$\to D$
...$\to I$
O gráfico e

a = 1   b = 2
a = 2   b = -1
a = -½ b = 3

Ex:
1) Dada a função $f(x) = x + 2$,
   a) domínio;
   b) imagem;
   c) gráfico.

reta.

$a < 0$

$f(x)$

Escola Jardim Meriti | foto **Valencia Losada**

NA 11

DA MONTANHA TIRA O (ENXOFRE)
MATERIAL CINÁSICO:
(DISSECAÇÃO) — LÍQUIDO VERDE.

TEXTO "E agora você vai ao Hospital...

OUTRO DO UM.

É complicado...

VIVER É...

NA 12

Além de mim, de vc e de vc tem
alguém aqui
O Boi

Escola Jardim Meriti | foto Renato Linhares

CÉREBRO_CORAÇÃO

de **Mariana Lima**

Cérebro_Coração estreou no teatro Oi Futuro Flamengo, no Rio de Janeiro, em 11 de maio de 2018.

Atuação e dramaturgia
Mariana Lima

Direção e colaboração dramatúrgica
Renato Linhares
Enrique Diaz

Assistência de direção
Luisa Espindula

Cenografia
Dina Salem Levy

Iluminação
Beto Bruel

Projeções
Mídias Organizadas (Paola Barreto, Lucas Canavarro, João Iglesias e Jonathan Nunes)

Trilha sonora
Lucas Marcier

Figurino
Marina Franco

Preparação Corporal
Laura Samy

Consultoria em arte contemporânea
Luisa Duarte

Operação de luz
Luana Della Crist

Operação de projeção
Lina Kaplan

Operação de som
Joana Guimarães

Camareira
Conceição Telles

Captação de imagens em estúdio
Théo Tajes

Construção de cenografia
Camuflagem

Cenotécnico responsável
Wilker Barros

Visagismo
Brenno Santos

Fotografia
Fernando Young

Arte gráfica
Cubículo: Fabio Arruda e Rodrigo Bleque

Assessoria de imprensa
Factoria Comunicação

Produção e administração
Quintal Produções

Direção Geral
Verônica Prates

Coordenação Artística
Valencia Losada

Produção Executiva
Thiago Miyamoto
Nely Coelho

Assistência de produção
Eduardo Alves

Direção de palco
Iuri Wander

Uma sala de aula branca com proporções um pouco alteradas. Mesa e cadeira. Sobre a mesa, um aquário vazio. Uma planta sobre um pedestal. A conferencista entra com uma bolsa e um cooler. *Fala enquanto se dirige à mesa.*

CENA 1

    Boa-noite.

    Existem alguns possíveis começos pra isso aqui. Hoje eu vou começar dizendo: sim.

    "Tudo no mundo começou com um sim. Uma molécula disse sim pra outra molécula e nasceu a vida. Mas antes... Bom, antes havia a pré-história e a pré-história da pré-história. E havia o sim, e o sempre, e o nunca. Não sei exatamente o quê. O que eu sei é que o universo nunca começou."[1]

Ela vai até a mesa.

---

1. *A hora da estrela*, de Clarice Lispector. Editora Rocco.

Bom... Então eu digo sim. Digo: não. Digo: talvez. Talvez eu vá lá fora e fique um pouco lá, e quando eu voltar eu venha de lá com as expressões do mundo, com as representações e com essas aflições também, venho com a linguagem; essa que já foi criada e que estava aí quando a gente nasceu, esperando por nós. E depois a gente deixa ela aí quando a gente morre. Eu venho lá de fora com todo esse conhecimento, essas hipóteses, esses pensamentos, os signos, as palavras, as coisas, e eu pego tudo isso, o sim, o não e o talvez e aí eu... Bom... Eu coloco aqui [*aponta o aquário*].

Aí a gente olha pra isso, pensa se isso é isso mesmo, se compara com isso, se acomoda, se afeta. Daí de repente a gente se afasta disso, nega isso, não quer nem olhar mais pra esse negócio. E depois a gente volta a se interessar por isso, se apaixona, quer levar pra casa, botar num altar, fazer disso uma crença, botar um preço e vender numa feira, apoiar uns copos e cinzeiros em cima e convidar os amigos pra ficar em volta. A gente quer gravar uns *stories* disso, enfim, a gente quer entender... essa fragilidade.

Eu sugiro que hoje a gente não vá pelo caminho de entender, porque se a gente tentar entender talvez a gente vá resistir. Vamos indo com as palavras, até mais pelo que elas fazem do que pelo que elas falam, procurando os acessos, as entradas possíveis.

Eu sugiro... que a gente vá por essa caixa aqui [*aponta o aquário*], essa caixa aqui [*aponta o teatro*] e essa caixa aqui [*aponta a cabeça*], onde tem o cérebro, e é sobre ele que eu vim falar. Também. Sobre essa capacidade de pensar que a gente tem, essas teorias, essas formulações que a ciência nos dá.

Mas lembrando que toda ciência emerge de uma concepção imaginativa do que poderia ser verdade, e que o mundo é um ser vivo composto de incontáveis seres vivos, uma floresta fecunda e transbordante de vida, que tem coração e respira, que tem cérebro e de algum modo pensa, e que nós usamos a ciência pra entender essa natureza pulsante, enquanto somos atravessados por forças extraordinárias de amor e de destruição que nós não entendemos. Nós não entendemos.

Mas o cérebro, como eu estava dizendo, foi formado por partículas desprendidas de estrelas há bilhões de anos, que, graças ao acaso e à gravidade, estão aqui nas nossas cabeças nos tornando capazes de pensar, falar, julgar, elaborar, sonhar, rezar, matar, mentir, falir, compor, conspirar, processar, julgar, prender, errar, insurgir etc. Enfim, a lista é grande. Eu diria... infinita.

Ela tira o cérebro do cooler.

Este é o cérebro humano. Bonito, não? Simpático. Eu acho.

Durante bilhões de anos os cérebros dos nossos ancestrais foram se modelando. Expansão de um córtex aqui, espessamento de fibras ali, e há uns 150 mil anos, mais ou menos, certas estruturas e funções do cérebro começaram a se associar de maneiras diferentes, e no espaço de 30 mil anos, talvez 50, talvez até 70 mil anos, desenvolvemos a linguagem, a sensibilidade artística e religiosa, a consciência e a cultura, essa capacidade de simbolizar uma coisa na sua ausência. A gente desenvolveu a cultura, que passa muito mais rápido que qualquer transmissão genética.

Ela segura o cérebro com uma das mãos e, com a outra, tira a planta do pedestal e a coloca no chão. Continua a falar com o cérebro na mão.

Mas essa pequena massa dobrada sobre si mesma pesa 1kg e meio, é extremamente gordurosa, ativa e mutante. São 2 bilhões de sinapses por segundo, remodelando, recriando e distorcendo nossa realidade o tempo todo. É uma coisa totalmente plástica. O nosso cérebro se molda em função da nossa experiência. Quer dizer, neuronalmente falando, quem você é depende de onde você esteve, do que você sentiu, experimentou, viu, leu, ouviu, sofreu e também do que você esqueceu. Esses circuitos estão sendo reescritos de acordo com a nossa singularidade, e essa identidade aqui, dessa pessoa que a gente é, é móvel, nunca atinge um ponto-final. Quer dizer: o cérebro é o desenho da nossa experiência, e ela muda o tempo todo. Agora. O que será que liga esses pontos todos e nos dá a impressão da nossa personalidade como uma constante, única e singular?

A memória, talvez.

Ela coloca o cérebro no pedestal. A luz vai diminuindo lentamente. Uma sombra é projetada na parede.

CENA 2

Eu ainda era residente num hospital público em Magé, eu tinha acabado de começar a fazer plantões e a administrar as horas em que eu deveria estar dormindo ou acordada, vendo o mundo da teoria das salas de aula se materializar na minha frente em carne e osso – e sangue, literalmente. Enfim, eram três da manhã e chegou um menino atropelado com traumatismo craniano. O corpo dele estava intacto, ele era lindo, parecia um anjo. Não tinha nenhum hematoma no corpo. O cirurgião que eu acompanhei achou que a única alternativa para aquela situação era a remoção da superfície externa, o topo do crânio, para que o cérebro e sua massa cinzenta pudessem respirar, aliviar a pressão e voltar ao tamanho normal. É um procedimento de emergência. Depois de prepararmos o menino para a cirurgia e nos estabilizarmos – porque quando o menino chegou parecia que um tsunami tinha invadido a sala, e é sempre assim quando eles chegam –, eles começaram: com uma broca, foram fazendo pressão contra o topo do crânio e perfurando. Eu limpava o sangue e o pó de osso moído que ia caindo. Uma fenda fina foi surgindo lentamente, como quando se abre um buraco no gelo com uma serra. Quando essa serra completou a circunferência toda e alcançou o primeiro orifício pelo lado contrário, o cirurgião levantou o topo do crânio, como uma tampa, e o segurou no ar bem na minha frente. Depois, ele me passou o crânio e eu o coloquei numa tigela e o cobri com um plástico verde. Em seguida, ele começou a remover essa membrana chamada de dura-máter, que é na verdade a meninge exterior, que mais parecia um pano molhado, e pronto: lá estava ele, totalmente descoberto – o cérebro! Ficamos observando o que acontecia. Ficamos olhando e eu vi que ele estava mesmo, literalmente, respirando, como um pulmão respira. O anestesista, o cirurgião e a enfermeira saíram um pouco da sala e eu fiquei ali.

Eu olhei aquilo como quem olha uma paisagem. Lembrei de um livro no qual o autor vê uma cirurgia dessas pela primeira vez e diz que, por dentro, o cérebro parecia um vale, com montanhas, rios de cores estranhas e desconhecidas e geleiras brancas. Tudo brilhava e cintilava. Fiquei olhando aquela geleira, muito branca, e de repente uma onda vermelha subiu e a engoliu inteira. Era muito bonito e eu tive vontade de chorar.

Olhei em volta pra me aliviar um pouco e vi as paredes de ladrilho do hospital, os lençóis brancos e puídos, as gotinhas de soro pingando, a movimentação frenética lá fora, pessoas nervosas, chorando, não aceitando, resistindo. O cérebro. O silêncio da sala. O menino. Eu olho aquilo e vejo aquilo, mas vejo também pela primeira vez pra além daquilo, e percebo, e não entendo. Até quando ele vai se expandir? Por quanto tempo ele vai respirar? E se eu tirasse o cérebro de dentro da cabeça do menino? E se eu trocasse o dele pelo meu? Mas vocês sabem, né? Não se transplanta um cérebro ainda. Um coração, sim, mas o cérebro, ainda não.

Será que ele me escuta? Os tibetanos dizem que a audição é o último sentido a ir embora. Imagino ele acordando e percebendo que tá trancado dentro de uma caixa. Uma caixa que o envolve com tanta perfeição e é tão bem ajustada ao seu corpo que ela prende seus lábios, lhe impedindo de falar.

Ele percebe o que acontece ao redor?

E se ele me ouvir, será que seus circuitos neuronais podem de repente se animar e passar a enviar mensagens, trazendo de volta as imagens, a lembrança, a vontade?

Ela posiciona a cadeira em frente ao cérebro, pega um livro e lê para ele.

"Ora, as leis do amor não abrem exceção às leis gerais da memória. Como o hábito nos recorda tudo, uma criatura é justamente o que havíamos esquecido dela. Eis por que a maior parte da nossa memória está fora de nós, numa viração de chuva, num cheiro de quarto fechado, em toda parte onde encontramos de nós mesmos o que nossa inteligência deixara de lado, por não lhe achar utilidade, a última reserva do passado, a melhor, aquela que quando todas as nossas lágrimas tiverem estancado ainda nos sabem fazer chorar. Esse tesouro, que foi se acumulando dissimulado, dolorosa e pacientemente diante dos narizes da nossa vulgaridade, pode ser a fina essência de uma divindade reprimida, a pérola que talvez possa desmentir nossa couraça de bijuterias."[2]

Volta-se para a plateia.

É... O que ele está dizendo aqui é: o hábito, as coisas que fazemos mais ou menos mecanicamente, todos os dias, a memória habitual, coloca num lugar seguro lembranças seguras, de fácil acesso. E esquecemos as memórias mais antigas, que foram armazenadas nas profundezas do nosso ser. E é graças a esse esquecimento que temos um reservatório de lembranças que são verdadeiros tesouros, caixas de Pandora, de maravilhas e horrores, de um passado em que éramos alguém que já não somos mais porque o tempo nos transformou. O tempo. A percepção do tempo. Quer dizer, a gente está aqui agora, não é?

---

2. *Em busca do tempo perdido – O tempo redescoberto*, Marcel Proust. Tradução de Lucia Miguel Pereira. Editora Globo, 2013.

Mas a gente também está lá atrás, no passado, e lá na frente, no futuro. Nesse presente de muitos tempos.

Ela olha para o cérebro.

Bom, como vocês podem ver, o cérebro é dividido em dois hemisférios: o esquerdo e o direito. O lado esquerdo tende a perceber os elementos do entorno um de cada vez, em série, seguindo um padrão temporal.

Desloca a mesa e a cadeira para a outra extremidade da sala.

Então ele colabora com a nossa percepção do mundo no tempo, o antes e o depois. O que eu fiz antes, o que eu vou fazer daqui a pouco, essas listas de coisas e compras e afazeres pra amanhã, que eu não consegui fazer ontem, enquanto tô aqui assistindo a esse negócio. É o fiscal, o policial, coitadinho.

Já o hemisfério direito é mais ligado aos conjuntos, ele ajuda a integrar os componentes, e isso é muito eficaz nas tarefas visuais e espaciais. Pra esse lado não tem antes e depois, pra esse lado é sempre agora. Agora é agora. Daí amanhã, de repente, pá: é agora. Daqui a 1 bilhão de anos: é agora. E pra esse hemisfério não tem eu e você, ele e ela, mesa e cadeira, não, ele percebe um conjunto de sombras e luzes e energias pulsantes flutuando no aqui-agora, no presente absoluto.

Sai com o aquário e, de trás da parede, enquanto pega um retroprojetor, volta a falar.

Embora cada hemisfério seja específico no tipo de informação que processa, eles trabalham juntos para gerar uma percepção única e sem emendas do mundo.

Ela coloca o retroprojetor na mesa. Senta-se na cadeira e prepara as lâminas.

Agora, entre essas emendas, entre as coisas, tem um espaço. Outros espaços que a gente não consegue enxergar, espaços que talvez nem sejam destinados a nós, que talvez sejam destinados a outras criaturas, a crianças brincando de esconder embaixo da mesa, a insetos ou aves noturnas.

Sabe que existe uma partícula chamada... neutrino? Adoro esse nome de partícula. Tem um neutrino muito amigo meu... Vocês já ouviram falar?

O neutrino é uma partícula que, curiosamente, não tem nem massa, nem carga elétrica, nem campo magnético. O neutrino não tem nada, e ele existe! Como eu sei que ele existe? Porque ele aparece quando colide com outro. A Hilda Hilst, a escritora, disse que escrever tem muito do neutrino. Ela falou assim: "A gente vai atravessando os corpos mais densos e opacos possíveis, até encontrar o momento de colisão. Então, pra esse elemento, tudo o que dissemos e que pareceu incompreensível, obscuro, torna-se claro, rutilante."[3]

Ela sai de cena com o casaco e o cooler *e volta com um microfone.*

---

3. *Fluxo-Foema*, Hilda Hilst. Biblioteca Azul, 2001.

Por que eu tô falando do neutrino e da Hilda? Porque tem certas coisas, tem muita coisa, aliás, que a gente não vê e que existem. Tem partes do mundo que a gente não consegue ver, que a gente precisa imaginar.

CENA 3

Eu gostaria de propor um exercício aqui. De imaginação. Pra gente ter uma ideia do que eu estou falando, talvez menos uma ideia e mais uma sensação. É rápido, prometo não fazer nada com vocês. Pra gente fazer isso, a gente tem que fechar os olhos por alguns momentos.

Eu vou sentar aí com vocês.

Ela se senta na plateia e pede que a operadora de luz diminua a intensidade de luz da sala. Durante esta cena, a luz vai diminuindo até se apagar completamente.*

Fechem os olhos. Agora, de olhos fechados, tentem primeiro só imaginar o contorno do seu corpo. Esse contorno feito de ossos, músculos, pele, pelos. Ele tá aí, né? O desenho do nosso corpo no espaço. Agora, ainda de olhos fechados, tentem imaginar o interior desse contorno. Nosso mundo concreto interior. Essa geografia de dentro. Os órgãos. Os tamanhos, as cores, as formas. Imaginem os pulmões, o coração, o pâncreas, os intestinos, os rins, o esôfago, a medula, o cérebro. Tentem imaginar a temperatura aí de dentro, o sangue correndo nas veias. E essa sinfonia de sons que a gente não escuta.

---

* Para experienciar esta vivência, use o QR Code da p. 49.

Agora, ainda de olhos fechados, imaginem que aquele contorno que a gente percebeu no começo, de repente, desaparece. Some. E que, sem esse contorno, os órgãos começam a se distanciar lentamente uns dos outros, se descolando, abrindo pequenos espaços entre eles. E que, sem fronteira, sem limite, seus órgãos começam a ocupar bem devagar a frente do seu corpo, os lados, atrás, em cima, embaixo. Eles passam a ocupar o ar da sala, se espalhando, boiando, encontrando com outros órgãos, das outras pessoas, cérebros fazendo contato com cérebros, corações esbarrando em pâncreas, rins em amígdalas. E entre eles... espaço vazio.

Podem abrir os olhos.

Durante o blackout, a parede mudou de lugar, alterando a perspectiva da sala. O retroprojetor foi ligado. Numa tela, aparece a imagem de um copo d'água que está em cima da mesa.

CENA 4

A conferencista se levanta, deixa a plateia e vai até a mesa. Ela manipula os objetos que estão em cima de sua mesa, filmados e projetados à sua frente. Ao mesmo tempo, coloca lâminas no retroprojetor, criando um jogo complexo de imagens e sentidos. Coloca uma lâmina com um desenho de Leonilson no retroprojetor.

Desculpa, não era isso... Mas era, né? É espaço vazio também.

Sem querer, ela coloca uma lâmina com a imagem do Lula com as mãos sujas de petróleo.

Ops, desculpe. Outra aula.

A partir de agora, ela encontra a sequência "correta" de lâminas, com imagens que explicam as sinapses.

A gente se percebe. A gente percebe a totalidade do corpo, a gente percebe e é capaz de imaginar os espaços entre os órgãos. Mas será que a gente percebe os espaços menores? Os espaços entre os átomos ou as células? Mas tem espaço entre as células, entre os átomos. Tem espaço entre as matérias. Qualquer matéria.

Esse copo, por exemplo [*mostra o copo*], eu não vejo, mas ele é cheio de espaços vazios, pontilhados, onde elétrons rodopiam em volta de núcleos separados por distâncias mil vezes superiores às suas próprias dimensões e no intervalo entre eles, nada. [*pega o copo d'água, bebe um gole e coloca o copo na cartolina na frente da câmera*] Entre as células nervosas tem esse espaço. É nele que eu vou entrar agora.

Ela se senta na cadeira e começa a organizar os objetos enquanto troca as lâminas no retroprojetor.

Pra que a gente possa receber e processar os estímulos sensoriais como tato, gosto, audição, temperatura e uma série de outras operações, é preciso uma conversa entre os neurônios. Ela acontece nesse espaço.

Coloca uma lâmina com a imagem de neurônios.

> A conversa ali acontece assim: dentro do neurônio a informação passa através de um estímulo elétrico. Mas, entre um neurônio e outro, isso acontece quimicamente.

Coloca uma lâmina que explica a comunicação por neurotransmissores. Levanta-se e vai até a parede.

> Assim: um neurônio libera substâncias químicas chamadas neurotransmissores que são captadas pelo próximo neurônio. Dentro do neurônio, há um impulso elétrico, mas, fora, como não há continuidade material, a comunicação se dá pelo fluido. É uma conversa química, chamada de sinapse.
> Então, espaço vazio.
> Neurotransmissores.
> Sinapses.
>
> Isso aqui é **uma** sinapse.
>
> Agora, o interessante é que diferentes sinapses acontecendo ao mesmo tempo criam uma situação, uma memória, que fica armazenada em você.

Ela vira uma cartolina branca que estava sobre a mesa, com uma padronagem de azulejos vermelhos e brancos. A imagem é captada pela câmera e projetada na parede. Ela coloca no retroprojetor uma lâmina com a foto do avô numa cozinha (com o mesmo padrão de azulejos da cartolina), ao lado de outro senhor, de bermudas, numa varanda: o avô da Isabel Teixeira.

Esse aqui é o escritor francês Marcel Proust e esse aqui é o filósofo e escritor Henri Bergson. O Proust, antes de escrever o primeiro dos sete volumes de *Em busca do tempo perdido*, assistia às palestras que o Bergson dava na Sorbonne por volta de 1910. Ele era apaixonado pelo Bergson, pelas ideias dele sobre o espírito e o inconsciente. Ele usou algumas dessas ideias em seus livros. O interessante é que muitos anos depois o Bergson se casou com a prima do Proust. E nessa época o Proust escrevia muito. Ele escrevia o dia inteiro, a noite inteira. E ele gostava de escrever num quarto fechado com cortiças e cortinas fechadas para que nem luz nem som atrapalhassem seu trabalho. Ele chegou a desenvolver tampões de ouvido, porque não aguentava os sons que vinham de fora. Ele sofria de asma desde pequeno, e o médico tinha lhe receitado uma mistura de sorvete, cerveja e barbitúricos que ele pedia pra Celeste, que era sua secretária, buscar na rua.

Coloca uma lâmina com a foto de uma menina com um copo d'água na mão, na mesma cozinha da foto de seu avô.

Essa é a neta do Proust. Aqui ela tá com um copo d'água na mão, o irmão dela tá deitado no berço do lado, o avô dela está do outro lado da cozinha, sentado à mesa tomando café com leite e comendo pão com manteiga. Essa é a lembrança. Agora, atrás dessa, uma outra memória é evocada: na verdade ela não queria água, ela queria Toddy, e deram água pra ela, prometendo que o Toddy viria em seguida. Essa cara aqui é a cara de expectativa de um Toddy que nunca veio. Depois ela acabou se distraindo com outras coisas e subiu pra tomar banho. Era um banheiro azul, a pia era azul. No chão, um carpete manchado. Seu avô subiu e penteou seus cabelos, uma coisa que ele adorava fazer.

Aí um dia você tá em casa com quase 50 anos e vai até a sua cozinha atrás de uma cerveja, mas pega um copo d'água [*segura o copo d'água e sua imagem é projetada na parede*], e o movimento do seu braço ao abrir a geladeira, o modo como você segura o copo, a temperatura da água... de repente as sinapses se reencenam, trazendo de volta sua cozinha da infância, o copo de leite, seu avô que morreu.

Coloca a lâmina com a imagem dos avôs, que se sobrepõe à imagem da menina.

O Proust, ele escrevia e reescrevia sistematicamente suas memórias porque cada vez que ele lembrava de alguma coisa nova ele tinha que refazer tudo o que tinha feito. Um trabalho obsessivo, compulsivo, um pouco neurótico, talvez, mas ainda assim... um trabalho.

Pausa. Olha para as imagens, pega palitos de fósforo.

Mas às vezes você não consegue.

É que às vezes as terminações nervosas não conversam, não se falam, e os espaços ficam incomunicáveis, atolados [*joga palitos de fósforo na mesa*], engarrafados. Parece que numa pessoa normal, ou que está normal num determinado momento, os neurotransmissores circulam ali em número suficiente pra deixar a pessoa normal, feliz. Feliz tipo normal, feliz no dia a dia. Não muito feliz [*joga remédios na mesa*], feliz o suficiente pra estar normal. Agora, numa pessoa que está com depressão, tristeza, e não consegue ficar normal ou feliz, ou não consegue transformar sua tristeza em livro, como fez Proust, ou em desenho, como fez Leonilson, e não consegue fazer lição de casa, nem trabalhar, ou ler, ou cozinhar, que não consegue dormir, acordar, pensar, que não consegue ser, que só consegue estar permanentemente mergulhada num poço de sofrimento e dor, bom, nessa pessoa os neurotransmissores não estão em número suficiente.

Antigamente, pra resolver isso, as pessoas levavam choques muito intensos que provavelmente faziam aumentar essas quantidades de neurotransmissores.

CENA 5

O seu Américo, meu avô, o da foto, levou esses choques. Ele foi o homem mais doce que já existiu. Ele me levava numa Brasília pra aula de balé, toda semana, duas vezes. Ele tinha pernas compridas e me levava na padaria. Ele lia três jornais por dia, fumava seu cigarro, era generoso, amoroso e gostava de conversar. Quando ele ficou deprimido eu ainda não tinha nascido, e além desses choques fortes ele também foi submetido a uma terapia de choque por insulina. A falta dela causa hipoglicemia e leva a pessoa a ter convulsões.

Foi daí que dois médicos lá do Canadá acharam que se a célula ficasse sem alimento, hibernando, dormindo, em coma, ela poderia acordar mais disposta pra exercer suas funções. Fizeram isso com muita gente, deu certo, fizeram com meu avô, deu certo. Mas não era um tratamento que pudesse se manter por muito tempo, já que uma pessoa não pode ficar entrando em coma toda noite para viver.

Ela se levanta, pega a cadeira e uma caneta-tinteiro e se senta no meio do palco.

Um dos problemas dos choques, por insulina ou elétricos, são as contrações musculares do corpo que eles causam. Eu vou mostrar aqui pra vocês mais ou menos como seria uma pessoa levando choque ou tendo uma convulsão por insulina.

Coloca a tinta preta no copo d'água e chacoalha. O líquido fica preto.

Agora, olha que interessante: um psiquiatra, em 1940, teve a ideia de misturar o metrazol, que provocava a convulsão, com curare! O curare!!! Que coisa incrível o curare: os médicos indígenas xamânicos, no laboratório da natureza exuberante e selvagem, desenvolveram um veneno que usavam na ponta de zarabatanas, para imobilizar animais em cima de árvores. Assim, o bicho caía e era capturado com vida!!!

Como? Como? Entre 200 mil bilhões de plantas amazônicas eles acharam a combinação de uma dezena delas que, cozinhadas por 72 horas e aplicadas na ponta de uma flecha em nível subcutâneo, produzem o efeito anestésico que usamos nas cirurgias hoje. Porque o curare inibe os impulsos nervosos do músculo, deixando-os relaxados. O nome disso é tentativa e erro, o nome disso é obstinação e sabedoria não remunerada, porque os índios até hoje não receberam dinheiro dos laboratórios por sua descoberta. O nome disso é evolução, é assalto, é genocídio de uns pra saúde físico-mental de outros estar garantida – os que têm dinheiro, os que podem pagar os remédios, para os laboratórios e médicos. Mas vamos lá.

Toma o líquido que ficou preto.

Entre esses choques e o tratamento por eletroconvulsoterapia, usado hoje, muitos remédios foram desenvolvidos, experimentados e aprovados como métodos bastante eficazes de tratamento da depressão, da psicose, da esquizofrenia, da crise maníaco-depressiva, da síndrome do pânico etc. E nos últimos anos, eles, os assaltantes, desculpem, os médicos, desenvolveram os antidepressivos. Eles seguem uma linhagem evolutiva que vai do remédio que jogava serotonina no seu cérebro para os recaptadores da serotonina que já estão disponíveis no seu cérebro. Esse remédio eu tomei por muitos anos. Vou ler a bula aqui pra vocês:

"O Lexapro é o escitalopram, um antidepressivo inibidor da recaptação da serotonina. A dose recomendada é de 10 a 20 mg por dia. Ao contrário dos antidepressivos tricíclicos ou tetra... tetra... tetracíclicos, sua interferência sobre o ritmo cardíaco é mínima, sendo assim recomendado para pacientes com este tipo de problema cardíaco. Os principais efeitos colaterais encontrados foram: tonteiras, cefaleia e náuseas. Perda de apetite, tremores, diarreia, boca seca, sensação de cansaço, prisão de ventre e visão embaçada."

A partir daqui, ela realiza uma partitura física com os objetos e a projeção, cada vez mais frenética.

Eu também sou. Sou Lamitor também. Eu também sou adultos e crianças. Eu também sou a partir de 12 anos. Eu também sou uma droga antiepiléptica indicada. Eu também sou tratamento de crises convulsivas parciais e generalizadas. Eu também sou indivíduos com conhecida hipersensibilidade a Lamotrigina. Eu também sou leve e autolimitada. E também extremamente grave e ameaçadora de vida. Eu também sou todos os pacientes, eu sou os adultos e as crianças que desenvolveram exantema e que devem ser rapidamente avaliados. Eu também. Eu também sou o uso de Lamotrigina descontinuado. Também a suspensão abrupta de Lamitor. Eu também sou crises de rebote. A menos que seja necessário, eu também sou redução gradual ao longo de duas semanas. Não sou usada para gravidez, a menos que, na opinião dos médicos, o benefício potencial para a mãe também justifique o meu uso pra qualquer risco possível ao desenvolvimento fetal. Eu sou coisa, coisa, matéria, matéria, espírito, espírito, Egun, Exu, Xapiri, Buda, Jesuzi, dopamina, serotonina, noradrenalina, endorfina, espírito, esse mundo insubmisso a qualquer monarquia ontológica e o hummm, hummm... Essa palavra russa que se pronuncia assim, com o "U" vibrando e o "H" como um vagido aterrador do cérebro. Experimentem... Tão ouvindo esse barulho? É terrível, é potente, abissal, não há nada mais poderoso do que você se sentir intelectualmente capaz. E o seu corpo tá nesse cérebro, não é comandado por ele. Todo o seu corpo é necessário pra emitir esse som, porque tudo é corpo, um grande corpo cheio de espírito.

E vamos aprender, sim, com isso aqui e não nos apegar às identidades fixas, que isso não existe. Não adianta, só nossos rastros, nossos rostos, que são o de dentro pra fora, nunca imobilizados na palavra rosto, sempre despejando a alma pra fora. É, é isso aí, eu te olho e você me olha, mas eu não sei o que você vê, você não sabe o que eu vejo, e ela disse que se seus olhos não me veem, sua existência me existe. No mundo primário os seres existem os outros como modo de se verem. Ver também pode ser olhar sem ver, ver pode ser possuir o outro, comer o outro, um estar num canto e o outro estar ali também. Você vê é com o corpo todo.

E vocês estão aí sentados, mas na verdade vocês estão dançando.

CENA 6

A conferencista para de falar, olha para o espaço, para a confusão dos objetos de um lado da sala. Vai até a mesa, retira o retroprojetor e a câmera e os coloca fora do espaço da improvisada sala de aula. Ela leva a mesa e a cadeira para o fundo da sala e senta-se. Retoma a palestra, usando um microfone sem fio.

Olha, gente, desculpe, eu me perdi um pouco aqui, eu estou confundindo saber com achar. Pensar com fazer com lembrar e ser. Eu tô fazendo uma grande confusão, por isso eu peço desculpas. Não era isso, mas era. Eu estou confundindo chão com magma. Eu estou sendo atraída pelo magma terrestre. Eu estou fazendo um esforço enorme para ficar de pé. Eu estou fazendo um esforço descomunal para ficar de pé aqui nesta sala. Se eu liberar, se eu liberar o esforço, eu sou tragada. Tragada. E fico lá embaixo, no magma. Essa sou eu.

Eu tô fingindo. Eu desenvolvi uma capacidade sobrenatural de me transformar numa criança, num velho, num bebê, num supermercado. Eu tenho vários produtos à venda. Eu me conformo com a falta de troco. E ontem mais uma amiga teve um aneurisma. As pessoas têm tido aneurismas com tanta frequência. Como se elas não estivessem aguentando a pressão. E aí elas têm que tirar o tampo do cérebro delas, para o cérebro delas respirar. Mas eu acho que a gente não devia chegar a esse ponto, entendeu? Eu acho que a gente devia manter a nossa pressão. Manter a pressão num nível possível, num nível exato. Sabe? Eu acho que a gente devia enfrentar as exatas, não só as humanas. Eu optei pelas humanas, mas eu sinto uma falta enorme das exatas. Talvez seja por isso que eu seja fascinada pelas contas. Eu tô... úmida. Tão úmida, tão úmida, tão úmida que eu deságuo, eu deságuo, eu me desaguei. Eu desaguei. Eu desaguei, eu me misturei... Eu desaguei no rio. Eu desaguei, eu virei veio e eu fui correndo. Eu fui correndo, eu era um rio correndo, um rio correndo, um rio... um rio virando... um rio virando... esgoto. Tem um cheiro de esgoto aqui. Um cheiro de esgoto! Eu finjo que eu não estou sentindo esse cheiro de esgoto, mas ele está aqui. Eu finjo que eu não estou sentindo um amor tão grande, um amor tão irreal que parece que ele não está aqui. Entendeu? Eu vou assim, eu vou fingindo, e aí eu vou entrando, eu vou... eu vou... eu vou entrando, eu vou entrando pelo cano, eu vou passando pelos canos, eu vou pegando aviões, eu vou entrando em canos pressurizados e canos aguados, e eu vou saindo na pia da tua casa como um peixe. E aí você tem que parar de lavar louça porque agora tem um peixe lá. Um peixinho. E aí você tem que cuidar dele, alimentar ele. Não pode dar muita comida, senão ele morre. Não pode mudar a temperatura da água, senão ele morre. Tem que cuidar dele com uma precisão exata, absurda. Como quando você abre o cérebro de uma pessoa e tem um aneurisma lá dentro. Aí você tem que ter uma precisão absurda, de médico. Entendeu? Você tem que ter uma precisão pra atingir o nervo, a veia que... Pá! Puff! Os vulcões internos das pessoas estão explodindo. Elas não estão suportando. Isso é ridículo. Tem um homem lá fora, ridículo. Tem uma mulher passando lá pela rua, ridícula também. Eu mesma, ridícula. Eu não sei nada, ninguém sabe nada, nada, nada. As pessoas são ridículas. Elas acham tanta coisa. Elas constroem toda uma persona que vai se desfazer dali a três ou quatro minutos. Elas estão andando na rua, começam a passar mal, a vomitar, e aí têm um aneurisma. Aí ficam em coma. Ninguém sabe, ninguém explica, os médicos não explicam, os médicos não explicam mais nada, nada, nada. Você tem uma dor lá dentro, lá dentro, lá dentro, bem profunda, bem profunda, você tem uma dor lá dentro, lá dentro, lá dentro, lá dentro, bem lá dentro, bem lá dentro, tão lá dentro, tão lá dentro, tão lá dentro, tão lá dentro, e aí os médicos não conseguem explicar, porque a medicina não consegue explicar, não consegue.

Ela se levanta com o microfone, sentindo um calor menopáusico. Vai até o ventilador de pé e liga-o. Sente o vento aliviando as ondas de calor. Percebe uma frequência diferente e aponta o microfone para o ventilador, procurando. O som do vento é amplificado pelo microfone e vai aumentando em volume até o limite. A sala treme com o som. A parede começa a se mover lentamente em direção à conferencista e à plateia, projetando uma sombra sobre ela. Ela recua, assustada, mas vai até a parede e toca-a. Sente a força de uma arrebentação pressionando. Ela procura algo para frear ou conter aquilo, encontra um equipamento de segurança contra incêndios pregado na parede. Pega o martelo, vai até a parede e começa a bater com toda a força, abrindo um buraco. Do buraco escorre terra e, depois de um tempo, uma pedra brota de dentro dele.

Ela olha, perplexa, a pedra.

Coloca a pedra no chão. Fica de quatro e aproxima-se da pedra. Percebe que a pedra está tentando balbuciar algo para ela. Ela escuta e traduz:

    ah

    aha

    aha

    agh

    e

    e

    e

    eah

    ha

    ha

    ha

    ha

    aha

    era

    era

    ans

    ansnces

ce

sem

som som

sal

sal

tacacacaca

cacaca

caca

on ca

Iso? Smac smac

Olho, não, olho, não

Não?

Pode entrar

Não é pra entender...

Sei, ah!

kkkkkkkkkk

Pode entrar, pode entrar.

Fiquem aí pendurados, pendurados. Entre dois galhos.
Um milhão de galhos.

Eu tô de costas pra você, você tá de costas pra mim.
Fiquem aí. Dentro da coisa que vê.
Ela encolhe.
Ela encolhe-se.

"Tem um índio, né? Preto... não, preto, não... de
preto! Tá... sei... um índio... vestido de preto... por
dentro da roupa do índio... o índio foi queimado... em-

baixo do folclore do índio... tava todo chamuscado... por isso era preto... era preto porque tava queimado... do ponto do ônibus... entendi... da etnia Pataxó... tropeçou na pedra do calçamento... em mim... tá... na frente da casa... e bateu a cabeça. Quando ele tropeçou... ele lembrou... não... é isso... ele esqueceu! Esqueçam. Fiquem pendurados!"

O palco é banhado por uma luz vermelha. Ela fica em silêncio, sentada ao lado da pedra. Na parede, o texto seguinte é projetado:

"Daquele quarto escavado na rocha de um edifício, da janela do meu minarete, eu vejo, a perder-se de vista, a enorme extensão dos telhados. Há 5 milhões de anos deve ter existido aqui uma montanha, que depois de erosada se tornou uma área vazia onde depois de novo se tinham erguido outras cidades que por sua vez tinham se erosado. Dali, eu contemplo o império do presente.

Então vai acontecer – numa rocha nua e seca do deserto – o amor de duas baratas. Sobre a rocha, cujo dilúvio há milênios já secou, duas baratas secas. Uma é o silêncio da outra.

Eu me prometo para um dia esse mesmo silêncio, eu nos prometo o que eu aprendi agora. Só que para nós terá que ser de noite, pois somos seres úmidos e salgados, somos seres de água do mar e de lágrimas."[4]

A parede volta para trás. Ela empurra a mesa para a parede lateral e senta-se na cadeira, ao lado da mesa.

---

[4] Adaptado de *A paixão segundo GH*, de Clarice Lispector.

CENA 7

E agora? Difícil, né?

Bom [*pega luvas e bisturi*], agora a gente volta pro hospital.

Agora você está num hospital qualquer. E isso é um sonho, mas também é realidade. Você tá no hospital e seu coração está fora de você.

Nas outras salas, ao lado, uma pessoa troca o fígado, a medula, tem um filho, tem lúpus, uma contusão. Assim é. Assim todas as coisas são. Aí você olha uma parede e tem um quadro de Jesus Cristo com o coração na mão, pra fora do peito. Aquele, o de sempre.

Em frente a essa imagem de Jesus, passam o médico, a anestesista e a enfermeira. Eles estão voltando para a sala de cirurgia.

Chegando lá, eles veem que eu tô sentada ao lado do menino, com um livro aberto no colo. O cirurgião acha aquilo engraçado.

E então eles começam os preparativos.

Ela pega o cérebro no pedestal e o coloca no centro da cena. Pega a câmera e filma o cérebro enquanto fala.

A enfermeira vem com uma bandeja prateada com todos os instrumentos cirúrgicos: bisturis, gazes, algodões, agulhas. Eles lavam obsessivamente as mãos e acendem as luzes frias da sala. O cirurgião checa os batimentos cardíacos, avalia se o menino tem condições de aguentar a cirurgia, e então eles começam.

Música. Com o bisturi, ela corta o cérebro, que se abre como um ovo, em duas partes. Vemos tudo projetado na parede. Dentro dele, alguns pequenos objetos são revelados pela câmera. Ela vai tirando os objetos de dentro do cérebro, um por um. Um colar, um desenho de criança, uma pequena concha, um bonequinho, uma chave.

O médico, a anestesista, os assistentes, todos fazem o trabalho com muita atenção em cada mínimo detalhe, mas, enquanto isso, eles conversam.

A anestesista falava assim: "Ontem eu fui no cinema e vi um filme tão bonito. Era um filme sobre um abandono e um autoabandono. E uma viagem. E a procura de algo diferente do que é seu. E era um cara viajando num caminhão, deixando uma vida pra trás e procurando outra. E era uma coleção de imagens que compunham uma geografia. E é emocionante, porque é como se a cada momento a gente construísse uma geografia de imagens com os nossos olhos e os percursos que a gente faz. E os recortes. Não é à toa que dizem que, quando você chega perto de morrer, você passa o filme da sua vida."

O filme da sua vida. O filme da sua vida são os outros. Porque você vê os outros, você vê as casas, as ruas, os desertos, as árvores, as plantas, os lixos, os insetos, as mesas, os computadores. Você vê uma superfície, você vê através das coisas. Mas, antes de ver através das coisas, você vê as coisas. E você vê o outro. Sem o outro, a outra, não tem você. Você é o outro, a outra.

É. Não tem jeito, não tem jeito. Não tem solução. Na hora em que você fala um sim, você abre um espaço, e é nesse espaço que você tem que entrar.

O cirurgião então diz: "Podemos fechar."

E a anestesista continua a falar. Eles não param de falar um minuto.

Ela vai tirando as luvas, saindo da cena.

Ela disse assim: "Tem uma hora, o filme tá quase acabando. Aí a câmera se aproxima do rosto de uma mulher, ela tá sentada numa feira, sei lá, em cima de uns caixotes. Atrás dela tem umas bananas, umas frutas. Ela é linda, mas ela não tem os dois dentes da frente. Daí a câmera chega bem perto do rosto dela e o cara que tá atrás da câmera pergunta: 'O que você quer fazer da sua vida?' Aí ela fala assim: 'Ah, eu queria ter... uma vida lazer.' Como assim, uma vida lazer? O que é uma vida lazer? Ah, vida lazer é quando você trabalha um pouco, não muito, senão você não consegue ter vida lazer... Você trabalha um pouco e chega em casa e tem lá umas três cervejas na geladeira. Não uma, nem duas, mas pelo menos três, porque você sabe, né? E daí tem alguém lá que é seu cobertor de carne, de pele, que fala: 'Vamos comer?' E vocês esquentam uma empada, um macarrão, e se deitam. Aí você toma banho. Porque viver é tomar banho, é passar sabonete. Ah, viver é conversar, é ficar triste e desesperado e comprar chiclete, chupar bala. Assim, você vai vivendo, vai... indo, vivendo..."

* Para experienciar a vivência, aponte a câmera do celular para este código.

© Editora de Livros Cobogó, 2021

Editora-chefe
Isabel Diegues

Editora
Mariah Schwartz

Gerente de produção
Melina Bial

Revisão final
Eduardo Carneiro

Projeto gráfico de miolo e diagramação
Mari Taboada

Capa e imagens do miolo
Cubículo

CIP-BRASIL. CATALOGAÇÃO-NA-FONTE
SINDICATO NACIONAL DOS EDITORES DE LIVROS, RJ

L699c
Lima, Mariana
  Cérebro_coração / Mariana Lima. - 1. ed. - Rio de Janeiro : Cobogó, 2021.

  (Dramaturgia)

  ISBN 978-65-5691-039-0

  1. Teatro brasileiro. I. Título. II. Série.

21-72998
CDD: 869.2
CDU: 82-2(81)

Nesta edição, foi respeitado o Acordo Ortográfico da Língua Portuguesa de 1990, que entrou em vigor no Brasil em 2009.

Todos os direitos em língua portuguesa reservados à
Editora de Livros Cobogó Ltda.
Rua Gen. Dionísio, 53, Humaita,
Rio de Janeiro, RJ, Brasil — 22271-050
www.cobogo.com.br

Outros títulos desta coleção:

COLEÇÃO DRAMATURGIA

ALGUÉM ACABA DE MORRER LÁ FORA, de Jô Bilac
NINGUÉM FALOU QUE SERIA FÁCIL, de Felipe Rocha
TRABALHOS DE AMORES QUASE PERDIDOS, de Pedro Brício
NEM UM DIA SE PASSA SEM NOTÍCIAS SUAS, de Daniela Pereira de Carvalho
OS ESTONIANOS, de Julia Spadaccini
PONTO DE FUGA, de Rodrigo Nogueira
POR ELISE, de Grace Passô
MARCHA PARA ZENTURO, de Grace Passô
AMORES SURDOS, de Grace Passô
CONGRESSO INTERNACIONAL DO MEDO, de Grace Passô
IN ON IT | A PRIMEIRA VISTA, de Daniel MacIvor
INCÊNDIOS, de Wajdi Mouawad
CINE MONSTRO, de Daniel MacIvor
CONSELHO DE CLASSE, de Jô Bilac
CARA DE CAVALO, de Pedro Kosovski
GARRAS CURVAS E UM CANTO SEDUTOR, de Daniele Avila Small
OS MAMUTES, de Jô Bilac
INFÂNCIA, TIROS E PLUMAS, de Jô Bilac
NEM MESMO TODO O OCEANO, adaptação de Inez Viana do romance de Alcione Araújo
NÔMADES, de Marcio Abreu e Patrick Pessoa
CARANGUEJO OVERDRIVE, de Pedro Kosovski
BR-TRANS, de Silvero Pereira
KRUM, de Hanoch Levin
MARÉ/PROJETO bRASIL, de Marcio Abreu
AS PALAVRAS E AS COISAS, de Pedro Brício
MATA TEU PAI, de Grace Passô
ÃRRÃ, de Vinicius Calderoni
JANIS, de Diogo Liberano
NÃO NEM NADA, de Vinicius Calderoni

CHORUME, de Vinicius Calderoni

GUANABARA CANIBAL, de Pedro Kosovski

TOM NA FAZENDA, de Michel Marc Bouchard

OS ARQUEÓLOGOS, de Vinicius Calderoni

ESCUTA!, de Francisco Ohana

ROSE, de Cecilia Ripoll

O ENIGMA DO BOM DIA, de Olga Almeida

A ÚLTIMA PEÇA, de Inez Viana

BURAQUINHOS OU O VENTO É INIMIGO DO PICUMÃ, de Jhonny Salaberg

PASSARINHO, de Ana Kutner

INSETOS, de Jô Bilac

A TROPA, de Gustavo Pinheiro

A GARAGEM, de Felipe Haiut

SILÊNCIO.DOC, de Marcelo Varzea

PRETO, de Grace Passô, Marcio Abreu e Nadja Naira

MARTA, ROSA E JOÃO, de Malu Galli

MATO CHEIO, de Carcaça de Poéticas Negras

YELLOW BASTARD, de Diogo Liberano

SINFONIA SONHO, de Diogo Liberano

SÓ PERCEBO QUE ESTOU CORRENDO QUANDO VEJO QUE ESTOU CAINDO, de Lane Lopes

SAIA, de Marcéli Torquato

DESCULPE O TRANSTORNO, de Jonatan Magella

TUKANKÁTON + O TERCEIRO SINAL, de Otávio Frias Filho

SUELEN NARA IAN, de Luisa Arraes

SÍSIFO, de Gregorio Duvivier e Vinicius Calderoni

HOJE NÃO SAIO DAQUI, de Cia Marginal e Jô Bilac

PARTO PAVILHÃO, de Jhonny Salaberg

A MULHER ARRASTADA, de Diones Camargo

O DEBATE, de Guel Arraes e Jorge Furtado

BICHOS DANÇANTES, de Alex Neoral

Coleção Dramaturgia Francesa

É A VIDA, de Mohamed El Khatib | Tradução Gabriel F.

FIZ BEM?, de Pauline Sales | Tradução Pedro Kosovski

ONDE E QUANDO NÓS MORREMOS, de Riad Gahmi | Tradução Grupo Carmin

PULVERIZADOS, de Alexandra Badea | Tradução Marcio Abreu

EU CARREGUEI MEU PAI SOBRE MEUS OMBROS, de Fabrice Melquiot | Tradução Alexandre Dal Farra

HOMENS QUE CAEM, de Marion Aubert | Tradução Renato Forin Jr.

PUNHOS, de Pauline Peyrade | Tradução Grace Passô

QUEIMADURAS, de Hubert Colas | Tradução Jezebel De Carli

Coleção Dramaturgia Espanhola

A PAZ PERPÉTUA, de Juan Mayorga | Tradução Aderbal Freire-Filho

ATRA BÍLIS, de Laila Ripoll | Tradução Hugo Rodas

CACHORRO MORTO NA LAVANDERIA: OS FORTES, de Angélica Liddell | Tradução Beatriz Sayad

CLIFF (PRECIPÍCIO), de José Alberto Conejero | Tradução Fernando Yamamoto

DENTRO DA TERRA, de Paco Bezerra | Tradução Roberto Alvim

MÜNCHAUSEN, de Lucía Vilanova | Tradução Pedro Brício

NN12, de Gracia Morales | Tradução Gilberto Gawronski

O PRINCÍPIO DE ARQUIMEDES, de Josep Maria Miró i Coromina
Tradução Luís Artur Nunes

OS CORPOS PERDIDOS, de José Manuel Mora | Tradução Cibele Forjaz

APRÈS MOI, LE DÉLUGE (DEPOIS DE MIM, O DILÚVIO), de Lluïsa Cunillé | Tradução Marcio Meirelles

2021

———————————

1ª impressão

Este livro foi composto em Univers.
Impresso pela BMF Gráfica e Editora
sobre papel Papel Polén Bold 90g/m².